Mein Ratgeber Liebe

Wenn die Chemie stimmt

Auflage 1/ April 2018

J.R Lucas Wolf

AF284670

Inhalt

Vorwort

Mein neues Buch „Mein Ratgeber Liebe"
soll euch bei der schwierigen
Entscheidung helfen zu heiraten,
entweder ihr sagt ja oder nein! Bevor wir
aber über das Heiraten sprechen können,
müssen wir noch ein paar Dinge klären.
Der Mensch ist ein Herdentier und ist
nicht gern allein. Deshalb fühlt sich der
Mensch in Gruppen geborgen und gar
nicht mehr allein. Der Erdenbürger ist
nicht geschaffen für die Einsamkeit. Er
sucht nach Wärme und Geborgenheit.
Auch besitzt er die Gabe (Möglichkeit) zu
sprechen. Außerdem braucht er die

Kommunikation um Ideen und Nachrichten vermitteln zu können, und um Dinge umzusetzen. Das Individuum teilt sich gerne seinen Mitmenschen mit. Die Kommunikation zwischen den Menschen ist sehr wichtig und wird auch täglich gepflegt. Wir kommunizieren in allen Bereichen des täglichen Leben miteinander. Verbal und noch viel mehr nonverbal!

Einigen von euch ist es nicht bewusst, wir kommunizieren größtenteils nonverbal. Bevor wir unser Mund öffnen und uns laut bemerkbar machen, hat unser Körper schon dafür gesorgt, dass unser Gegenüber Bescheid weißt. Ein einfaches Beispiel hierfür wäre: Eine Frau trifft auf der Straße einen Mann und läuft daraufhin im Gesicht rot an. Das ist die spontane Reaktion auf den schönen Körper des Mannes. Umgekehrt funktioniert das natürlich auch. Die Frau hat in unserem Beispiel noch keinen Laut von sich gegeben, aber sich trotzdem ihrem Gegenüber deutlich kundgetan (geäußert). Es müsste uns an dieser Stelle nicht wundern, wenn der Mann seinerseits eine Reaktion zeigt. Mögliche Reaktionen sind: Lächeln, zwinkern, fragen ob man sich kennt und woher, und ablehnend vorbei schauen.

Oder ganz simpel auch mal ein wenig rot anlaufen. Was ich mit unserem kleinen und simplen Beispiel versuche zu erklären ist: Die Kommunikation zwischen den Menschen egal ob Mann und Frau, ist die Basis für alles. Wer nicht gerne kommuniziert der wird wohl sehr große Schwierigkeiten haben einen geeigneten Partner zu finden. Wie schon oben erwähnt ist die Kommunikation sehr sehr wichtig. Unser Körper kommuniziert fortlaufend und wir senden gewisse Signale aus. Bei der Partnersuche ist es sehr wichtig die Signale des Anderen auch richtig zu deuten. Wer Signale sendet der empfängt auch welche. Zum richtigen Zeitpunkt die richtigen Signale zu senden, das ist hierbei die Kunst. Habt keine Angst davor missverstanden zu werden oder gar Ärger euch einzuhandeln, viel schlimmer ist es, überhaupt nicht gehört zu werden.

Mein Buch wird euch in die Geheimnisse der Liebe und Kommunikation führen. Es dürfte euch klar sein in was für ein Abenteuer ich versuche euch zu entführen. Die Geheimnisse von Freundschaft,Liebe,Vertrauen und Bindung. Es sind gleichzeitig auch meine Voraussetzungen für eine langjährige Partnerschaft, egal ob mit oder ohne einen Trauschein. Nicht jeder ist für eine lange Partnerschaft geschaffen, obwohl wir Erdenbürger uns suchen und finden. Aber die meisten von uns wollen nicht alleine durchs Leben gehen, und das ist auch gleichzeitig das Motiv um zu suchen. Egal wie lange es dauert. Schade nur, dass einige von uns ihren Traumprinzen oder ihre Traumfrau nie finden werden. Egal wie lange sie auch suchen. Es ist eben viel Zufall und Schicksal dabei.

Helft trotzdem eurem Schicksal auf die Beine und gebt niemals dabei auf, vielleicht meint das Schicksal es doch gut mit euch. Eines gilt aber bereits jetzt als sicher, wenn ihr nicht sucht werdet ihr am Ende alleine sein und euch fragen:

„Warum habe ich es nicht wenigstens Mal versucht?"

Damit ihr beim Versuch nicht scheitert gibt es in diesem Buch anschließend, den einen oder anderen Ratschlag und Tipp.

Einleitung

Es geht in unserem kleinen Buch um das Heiraten und um die Liebe. Dabei ist es vollkommen gleichgültig ob es gleichgeschlechtliche Paare sind die Heiraten wollen, oder heterosexuelle Paare. Es geht vielmehr um das wie und warum, und weniger darum wer heiratet. Natürlich auch und im speziellen wieso man sich verliebt, und was dabei mit uns und unserem Körper passiert. Es gibt Menschen die nie heiraten werden, und es gibt Menschen die sich nie vorstellen können unverheiratet zu sein. Es gibt die einen Individuen die sich schnell verlieben, und die anderen die sich nie verlieben werden. So unterschiedlich wir sind so unterschiedlich sind auch die Meinungen und Ansichten derer, die eine Heirat in Erwägung ziehen. Ich werde euch von jemanden erzählen der im letzten Juli 2017 heiratete. Obwohl das schon recht spät war, bezogen auf das Alter was beide haben.

Im letzten Juli des Jahres 2017 heiratete meine Zwillingsschwester Sole(53) ihren langjährigen Freund Augustin(50). Es ist euch sicherlich schon aufgefallen, dass beide das Cover dieses Buches schmücken. Sole meine Zwillingsschwester soll in unserer Geschichte als gutes Beispiel dafür dienen, wie man es macht. Gleichzeitig nimmt sie die Position der Befürworter für das Heiraten ein. Meine Person nimmt die Position derer ein, die noch unentschlossen sind, aber keinesfalls gegen das Heiraten sind. Der Vollständigkeit wegen sollte nicht unerwähnt bleiben, dass meine Schwester lange ihren Traummann gesucht hat. Sie hatte einige Freunde und Partner auf ihrer langen Reise, alles gute Männer und auch gute Freunde, aber eben nichts fürs heiraten.

Bis sie schließlich im zartem Alter von(53) ihren Augustin heiratete. Der Weg war lang und steinig bis hier. Und vielleicht ist es unsere Zeit in der wir heute leben, der wir die Schuld dafür geben können oder sogar müssen. „Wofür?" Dafür, dass in einer so hektischen Zeit es fast unmöglich ist sich um so etwas schönes, wie der Partnersuche zu kümmern. Meine Schwester war und ist ein sehr fleißiger Mensch, außerdem und das kam ihr auch zugute, ein sehr kommunikativer Mensch dazu. Und das möchte ich ausdrücklich hier erwähnen eine ganz und ganz ehrliche Person. Kein sich verstellen oder verstecken, sie ist wie sie ist. Meine Schwester versucht immer zwischen den Personen zu vermitteln, auch wenn es wenig Sinn macht. Das Einzige was meine Schwester nicht oder gar nicht kann ist, Probleme zu lösen.

Wenn man nur lange genug sucht, es am Ende auch mit dem Partner klappt. Nein ich denke die Zeit hat eher gegen meine Schwester gearbeitet, das liegt aber in der Natur der Frau. Auch wir Männer altern, wobei das Aussehen eines Mannes wohl eher eine untergeordnete Rolle spielt. Die Schönheit einer Frau ist über jeden Zweifel erhaben. Leider ist eine 25 jährige Frau hübscher als eine 53 jährige Frau. Weniger Falten und Haar so schön wie Seide! Zeit scheint also auch ein wichtiger Faktor zu sein, genauso wie unser Aussehen. Was mich am Ende zu der Frage führt:

„Wieso das Aussehen so wichtig für einige von uns ist?"

Wir Menschen sind visuell geleitet, der ein oder andere mehr oder weniger. Ich kann euch an dieser Stelle etwas beruhigen, die Chemie entscheidet mit ob, oder weshalb wir jemanden mögen oder nicht mögen. Bestimmt habt ihr in eurem Leben das schon einmal erlebt. Ich meine ihr trefft jemanden auf den ihr sofort „abfahrt"! Egal ob es sich jetzt um einen Mann oder eine Frau handelt, plötzlich stimmt die Chemie zwischen den beiden. Mann kann auch sagen es hat etwas zwischen den beiden gefunkt, und oft ist das tatsächlich so. Die Funken fliegen und wir fangen sie auf.

Kapitel 1.
Wenn die Chemie stimmt

Bevor wir die Gründe für das Heiraten besprechen, sollten wir ganz weit zurück gehen(denken). Am Anfang steht doch die Begegnung zweier Menschen, hierbei ist sehr wichtig zu wissen wann und wo sie sich begegnen. Es gibt viele Orte die wie geschaffen dafür sind um sich zu begegnen. Jetzt werden einige von euch sagen, früher war alles viel einfacher. Man hatte einfach viel mehr Möglichkeiten sich einander zu begegnen oder sich einfach nur zu treffen. Und außerdem hatte man früher auch viel mehr Zeit dafür. Heute ist man mit seinem Studium oder seinem Job so sehr eingebunden, dass für die Partnersuche nicht mehr so viel Zeit übrig bleibt. Wir leben in einer ganz anderen Zeit und die außerdem dabei noch sehr hektisch ist. Wir Menschen nehmen uns nicht mehr die Zeit die nötig wäre, um uns nach einem geeigneten Partner umzuschauen.

Ja vielleicht war früher wirklich alles etwas einfacher, aber die Voraussetzungen sind dieselben. Und hierbei berufe ich mich auf die Voraussetzungen für den Funken, oder viel besser für den Auslöser des möglichen Funken. Der am Ende dafür sorgt, dass zwischen einem Paar es schließlich Funkt (klappt). Der Chemie sollte hierbei eine große Rolle zuteil werden. Der Auslöser und das ist genauso genial wie dumm, ist das Aussehen von Mann und Frau. Der

Visuelle Reiz den wir wahrnehmen ist gleichzeitig der Auslöser für alles. Frau begegnet Mann und reagiert sofort auf das Aussehen. Wenn die Reaktion heftig ausfällt, wie z. B. bei Liebe auf den ersten Blick. Dann ist es sofort um die Frau geschehen. Das soll durchaus vorkommen, stellt aber eher die Ausnahme dar. Wir erfahren also so was wie eine Stimulation. Ausgelöst wie in unserem Beispiel durch das gute Aussehen des Mannes.

Der visuelle Reiz hat bei der Frau also zu einer Chemischen Reaktion geführt. Der Körper der Frau schüttet Unmengen an Stimulanzien aus, ein biochemischer Vorgang nimmt seine Arbeit auf. Wobei jedem ganz klar sein muss, dass diese Chemische Reaktion zwingend ist. Zwingend, damit die Frau überhaupt mitbekommt, dass es ein gutaussehender Mann ist und sich der genauere Blick doch lohnt. Den Auslöser von allem Übel ist der visuelle Reiz, das bedeutet im Umkehrschluss, ohne diesen visuellen Reiz gebe es keine Reaktion. Gutes Aussehen sorgt also für einen Reiz. Demnach müssten hübsche oder schöne und gutaussehende Menschen klar im Vorteil sein! Tatsächlich ist das auch so. Wir reagieren eher positiv wenn etwas uns visuell anspricht.

Aber Schönheit und Perfektion ist nicht Grundvoraussetzung für eine Paarung, denn auch weniger hübsche Menschen finden zueinander. Am Ende ist das Aussehen zwar der Auslöser, aber andere Faktoren spielen bestimmt noch eine Rolle mit.

„Was passiert aber nachdem unser Körper den visuellen Reiz empfangen hat?"

Im Gehirn werden Hormone

ausgeschüttet z. B. das Dopamin (PEA Rausch). Wir geraten also wie in einen Rausch. Beim Mann schüttet der Körper das Hormon Testosteron aus und bei der Frau das Hormon Ostrogen. Diese beide Hormone steigern beim Mann und der Frau ein Verlangen! Ja das Verlangen nach „SEX" und das Verlangen nach „Intimität". In diesem Rausch kann man sich für circa 2 Monate aufhalten, danach schüttet der Körper keines dieser Hormone mehr aus(PEA).

Das Hormon verbleibt bis zu 2 Monate im Körper. Der Körper schüttet natürlich dafür noch andere Hormone aus z. B. das Noradrenalin,Serotonin und das bis zu 1,5 bis 3 Jahre lang. Die Paarbildung sollte schließlich anhaltend sein. Wir haben uns jetzt also verliebt. Wenn die Chemie stimmt ist alles möglich.

Kapitel 2.
Was ist die Liebe?

„Was ist die Liebe?"

„Nun einfach ist das nicht zu erklären, denn wie soll man etwas erklären was quasi ein Phänomen darstellt?"

Ein einfaches Beispiel hierfür wäre:

„Du hast noch nie Honig genascht also wie sollst du wissen wie Honig schmeckt?, und wenn du es außerdem noch nie probiert hast?"

So verhält es sich auch mit der Liebe, man muss sie erst selbst erlebt haben, bevor man darüber sprechen oder urteilen kann. Die Liebe liegt nicht auf der

Straße so viel ist mal klar. Man muss schon nach ihr suchen, oder zumindest nach ihr Ausschau halten.

„Was ist also die Liebe?"

Nun es gibt <u>drei Phasen</u> der <u>Liebe</u>:

In der ersten Phase der Liebesphase(Verlieben) möchte man alles miteinander teilen und man hat ein gewisses sexuelles Verlangen oder Begehren. Man spricht hier in dieser Phase auch von der Mond, Sternen und Blumen Phase. In der zweite Phase spricht man von der romantischen Anziehung, hier wird vor allem Vertrauen aufgebaut. In der dritten Phase handelt es sich um die gefühlsmäßige tiefgehende Anziehung. Beide Partner haben das große Bedürfnis sich zu binden. Die Tiefe Verbundenheit wird nur erreicht wenn alle drei Phasen der Liebe auch wirklich durchlaufen werden. Wir können die Liebe schlecht erklären, man sollte sie am besten selbst erlebt haben. Auch weil es eine so schöne Erfahrung sein kann, die keiner missen sollte. Wir wissen die Liebe ist ein Phänomen, und keiner kann sie so richtig erklären. Wir wissen auch, dass die Chemie wohl ihre Hände bei diesem Unterfangen im Spiel hat. Chemische Vorgänge sind die Ursache für das Verlieben.

Wir senden also Signale und die lösen danach eine Chemische Reaktion in unserem Gehirn aus.

„Demnach ist alles vorbestimmt oder doch alles nur Zufall?"

Die Antwort darauf ist nicht ganz so erheblich wie die Frage warum!

„Warum sollte man sich überhaupt verlieben?", und warum noch dazu heiraten?"

Das Verlieben passiert ganz

automatisch eben durch den Auslöser, und der positiven Reaktion des Partners darauf. Es dürfte jedem klar sein, dass das Ganze ein wenig auf Zufall und Schicksal aufgebaut ist. Schicksal ist es, wenn man zum richten Zeitpunk am richtigen Ort ist. Zufall ist es, wenn mein Gegenüber auf meine Reize reinfällt.

„Jetzt wo wir wissen was Liebe ist und wo wir die drei Phasen der Liebe kennen, fragen wir uns natürlich welches die Gründe fürs heiraten sind?"

Kapitel 3.
Die Gründe fürs heiraten

„Heiraten ja oder nein?"

Diese Frage kann und wird sicher noch beantwortet werden, doch viel wichtiger ist doch:

„Warum wollen so viele von euch heiraten, oder auch nicht?"

In Deutschland würden circa 63% der Menschen grundsätzlich heiraten, 33% dagegen eher nicht. Das bedeutet: Die Mehrzahl ist also eindeutig fürs heiraten. Es gibt aber auch 33% die das absolut ablehnen. Wichtig für uns sind natürlich die 63%, also die Mehrheit die in ihrem Leben irgendwann ein Bund fürs Leben eingehen möchten.

„Was könnten die wichtigsten Gründe fürs heiraten sein?"

Für einige von euch ist es die stärkere Verbundenheit, auch romantische Gründe werden angegeben. Bei vielen von euch ist es schlicht und einfach nur der größte Liebesbeweis, der am Ende den Bund fürs Leben vollkommen macht. Die Erdenbürger geben unterschiedliche Gründe hierfür an. Einige auch weil man im Alter die Einsamkeit befürchtet. Viele sehen auch die finanzielle Vorteile im Vordergrund die da wären: Steuererleichterungen, und beim Abschluss von Versicherungen den größeren Beitragsnachlass. Als gute Altersvorsorge, Religiöse Gründe, finanzielle Vorteile, Absicherung im Todesfall, um nur einige wenige zu nennen. Es gibt natürlich auch einige

Gründe gegen das Heiraten, und dabei ist das Heiraten mit der anschließend großen Feier und einen langen Urlaub auf den Malediven! Natürlich ist damit der unnötige Luxus gemeint den viele sich in der heutigen Zeit, einfach nicht mehr leisten können. Die hohen Kosten sind der Grund warum viele von euch dann lieber eine kleine Hochzeit bevorzugen.

Vielen ist halt bewusst, dass so eine Hochzeit zwar einmalig sein dürfte, doch die hohen Kosten man dennoch lieber scheut. Einige von euch würden schließlich lieber ganz auf eine Hochzeit verzichten, weil der ganze Trubel und Stress einfach gemieden wird. Wir Männer scheuen uns einstweilen davor zu heiraten, weil wir genau wissen es widerspricht ganz und ganz unserer Natur. In der Natur gibt es ein gutes Beispiel dafür wie der Mann eigentlich geschaffen ist! Bei den Schimpansen sieht man ganz deutlich wie sie sich bei der Partnersuche verhalten. Sie haben mit mehreren Partnern Sex. Sie springen von einer Partnerin zur anderen, so wie die Natur das für sie vorgesehen hat. So ist es auch für den Menschen(Mann) vorgesehen, er sollte nicht nur mit einer Partnerin Sex haben, und sich außerdem nicht lange binden.

Das Heiraten widerspricht also der Natur des Homosapiens(Mann), er ist gänzlich nicht dafür geschaffen eine lange Bindung mit einer Frau/Mann einzugehen. Und das ist mit einer der wichtigsten Gründe dafür, warum Mann und Frau sich nicht für eine lange Zeit binden sollte. Außerdem kommt noch erschwerend hinzu, dass Mann und Frau nicht nur unterschiedlich sind sondern, dass sie auch unterschiedlich denken. Das was für

für den Mann wichtig ist, es für die Frau noch lange nicht sein muss. Mann und Frau handeln und denken sehr unterschiedlich. Es ist also quasi ein großes Wunder, wenn beide sich überhaupt verstehen! Beispiele dafür gibt es wie Sand am Meer. Eines der sehr beliebten Beispiele wäre das gemeinsame Fernsehen schauen.

Es ist fast unmöglich ein Programm zu finden, dass Frau und Mann gleichermaßen gefallen könnte. Während ein Mann sich sicher mit einem Fußballspiel und einer Flasche Bier(Klischee) begnügen würde, es bei einer Frau doch in erster Linie um die Liebe und der Trennung geht. Ein Film im Fernsehen wo es um die wahre Liebe und anschließend um die unvermeidliche Trennung geht! Ja die Frau liebt so was, der Mann aber eher nicht. Bei so einem wie ich finde einfachen Beispiel, kann man doch schon die großen Unterschiede erahnen, die es zwischen Mann und Frau offensichtlich gibt. Mann und Frau denken und empfinden ganz anders, und deshalb ist es schwierig beide zusammen zu führen. Während die Frau häufig mit viel Gefühl ans Werk geht, der Mann gar nicht es so mit Gefühlen hält.

Eine Frau geht mit viel Gefühl an die Dinge ran, und viele behaupten sie wäre auch die klügere von beiden. Während der Mann natürlich der stärkere von beiden und derjenige ist, der die Dinge gröber erledigt. Es gibt sehr viele Gründe warum Frau und Mann zusammen gehören und doch auch einige Gründe die völlig dagegen sprechen. Wir sind alle Individuen und es gibt bestimmt genügend positive Beispiele dafür, für das Heiraten und einer langen Partnerschaft.

Was aber negativ auffällt ist: Dass viele Paare schon vor einer Hochzeit (Heirat) sich doch erhebliche Gedanken darüber machen, was bei einer möglichen Trennung bzw. Scheidung passiert! Das ist nicht nur sehr negativ sondern gehört bestimmt auch zu den Gründen, die als negativ angesehen werden müssen.

„Die Rede ist von einer Art Absprache zwischen den einzelnen Parteien, was im Scheidungsfall passiert!"

Also Mann und Frau klären bevor sie heiraten, was im Scheidungsfall mit ihren Finanzen und Gütern passiert. Das ist zum einen wenig romantisch und auf der anderen Seite nährt es die Meinung derer, die gegen das Heiraten sind.

Kapitel 4.
Die 3 Güterstände

Wörter wie Scheidungsfall,Trennung,Gütertrennung, Unterhalt,Ehevertrag und Güterstände, um nur einige zu nennen. Man sollte also vor der Hochzeit die Güterstände miteinander vereinbaren. Es gibt nach dem deutschen Gesetz in Deutschland drei Güterstände:

1. Zugewinngemeinschaft.
2. Gütertrennung.
3. Gütergemeinschaft.

1. Zugewinngemeinschaft:

Jedes Paar, das heiratet und das keinen Ehevertrag abschließt, lebt automatisch in einer Zugewinngemeinschaft. Das in der Ehe erwirtschaftete Vermögen wird beiden Ehepartnern zu gleichen Anteilen zugerechnet. Das Vermögen welches bereits in die Ehe eingebracht wurde, bleibt unberührt. Die Eheleute haften nicht für die Schulden des anderen Ehepartners.

Ausnahme: Schulden aus gemeinsamen mitwirken bei der Aufnahme eines Kredits, welches beide Ehepartner unterzeichneten. Hauptmerkmal der Zugewinngemeinschaft ist der Zugewinnausgleich. Hierbei wird im Scheidungsfall das gemeinschaftliche aufgebaute Vermögen gerecht unter den Eheleuten aufgeteilt. Hierdurch soll derjenige Ehepartner unterstützt werden, der während der Ehe weniger verdiente, etwa weil er sich um den Haushalt und die Kinder und somit um die Versorgung der Familie kümmerte.

2. Gütertrennung:

Die Gütertrennung kann nur mit einem notariell beglaubigten Ehevertrag vereinbart werden. Typisch für diesen Güterstand ist die finanzielle Eigenständigkeit der Ehepartner, bei der jeder sein eigenes Vermögen erwirtschaftet. Und zwar vor, während und nach der Ehe. In Falle der Scheidung findet der Zugewinnausgleich nicht statt. Die Gütertrennung eignet sich für Paare wo beide Partner berufstätig sind. Oder auch für Unternehmer die privat haften. Das Privatvermögen kann dadurch nicht in die eventuelle Konkursmasse übergehen.

3. Die Gütergemeinschaft:

Die Gütergemeinschaft muss auch in einem Ehevertrag vereinbart werden. Dadurch wird das Vermögen beider Eheleute zusammengelegt. Auch das Vermögen, dass während der Ehe erwirtschaftet wird, fließt in das Gesamtvermögen ein. Beide Ehepartner verfügen gemeinsam darüber. Bei einer eventuellen Scheidung, gestaltet sich die Vermögenstrennung sehr sehr schwierig. Wenn man sich am Ende über die Güterstände geeinigt hat, steht dem Glück des zukünftigen Ehepaars nichts mehr im Weg.

Kapitel 5.
Die Trennung

Die Trennung von unserem Partner dürfte so ziemlich den Tiefpunkt einer Partnerschaft darstellen. Keiner von uns möchte bis zu diesen Punkt kommen. Wenn aber der Zeitpunkt der Trennung erreicht ist, fallen wir alle in ein großes Vakuum. Davor gibt es noch die Möglichkeit sich mit seinem Lebenspartner gegen eine mögliche Trennung zu stemmen. Viele Paare sehen eine mögliche Trennung auf sich zukommen, und versuchen daher gemeinsam sich gegen die mögliche

Trennung zu stemmen. Oft hilft es sich einfach nur zu fragen:

„Sollte ich mich trennen oder lieber den Versuch wagen noch weiter zu kämpfen, um eine mögliche Trennung zu verhindern?"

Gemeinsam sich zu hinterfragen und auf eine gemeinsame Zukunft hinarbeiten. Zuerst sollten natürlich die Gründe für die Trennung gefunden werden. Wenn nämlich einer der beiden Partner etwa nicht mehr zuverlässig und aufrichtig war. Zum Beispiel wenn einer von beiden Partnern fremdgegangen ist, und damit dem andern Partner sehr wehgetan hat, und außerdem noch das vorhandene Vertrauen missbrauchte. Die Treue sollte eines der Dinge darstellen auf die wir uns verlassen können, wer dagegen verstößt verdient unser aller Mitleid. Es mag ja Gründe dafür geben warum unser

Lebensgefährte fremdgehen, aber tolerieren muss man das auf keinem Fall. Ehrlich, aufrichtig, zuverlässig und treu, sollte der Lebensgefährte schon sein. Das Fremdgehen stellt leider nur einen von vielen Gründen für eine Trennung dar, die für den eigenen Partner sehr schmerzhaft und wenig akzeptabel sind. Eine Aussprache zwischen den beiden Lebenspartnern ist zwingend erforderlich, auch wenn keiner von den Partnern fremdgegangen ist.

Oft reicht es schon wenn man sich nur in unterschiedlicher Richtung entwickelt. Wir alle verändern uns auch in einer Lebensgemeinschaft, und das nicht nur äußerlich. Einige von uns entwickeln sich Geistig und körperlich weiter, andere bleiben in ihrer Entwicklung stehen, oder entwickeln sich sogar zurück! Die Aussprache zwischen beiden

Lebenspartnern ist zwingend, und kann in dem einen oder anderem Fall sogar dazu führen, die eigene Partnerschaft zu retten. Oft kann eine räumliche Trennung für frischem Wind sorgen. Es muss gar nicht für eine lange Zeit sein, nur solange bis beide Lebenspartner sich darüber im klaren sind, was sie eigentlich wollen. Sollte auch diese Maßnahme nichts bewirken, steht einer dauerhaften Trennung nicht mehr viel im Weg.

Wenn am Ende aber eine Trennung vereinbart wurde, sich jeder darüber im klaren sein sollte, dass das das Ende einer Partnerschaft bedeutet, und der Anfang von einiges an Leid. Nicht jeder von uns verkraftet gleichermaßen gut oder schnell eine Trennung von seinem Lebenspartner. Trauer und Leid sind ab dann für eine gewisse Zeit unsere ständigen Begleiter. Eine Trennung wird bestimmt nicht schnell und einfach vonstatten gehen, in den meisten Fällen dauert es Jahre, bis sich Paare richtig getrennt haben. Am Anfang einer Trennung besucht man sich vielleicht noch gegenseitig oder telefoniert und simst miteinander. Aber irgendwann kommt doch der Punkt wo der Zeitpunkt bei beiden erreicht sein könnte, den alten Kontakt für immer zu beenden. Es gibt vier Phasen der emotionalen Trennung:

Phase 1. Nicht wahrhaben wollen.
Phase 2. Gefühle brechen auf.
Phase 3. Die Neuorientierung.
Phase 4. Das neue Leben.

Phase 1: Eine Trennung kann völlig überraschend auf einen zukommen. Es fühlt sich danach so an, als wenn man einen Arschtritt bekommen hat. Wer verlassen wurde kann es zuerst nicht glauben. In dieser Situation fühlt sich der Kopf leer und man kann auch keinen klaren Gedanken mehr fassen. Man sucht natürlich noch nach seinem Ex-Partner und versucht ihn mit allen Mitteln zurückzugewinnen. Oft ist in dieser Situation auch die Rede von einer letzten Chance. Beide Partner halten den Kontakt aufrecht und simsen und telefonieren noch miteinander.

Bei einer Trennung sollte man seiner Familie die Wahrheit sagen, es lange zu verheimlichen hilft niemanden. Sollten in einer Ehe Kinder vorhanden sein, ist die Trennung natürlich um einiges schwieriger. Möchte man nicht immer den Ex-Partner treffen oder sprechen, kann man wenn man Kinder hat, diese z. B. bei den Großeltern abholen. Man sollte sich schon danach einigen ob man sich nur noch trifft, um Absprachen zu machen oder Informationen auszutauschen. Jeder Kontakt kann in der 1 Phase für einen auch noch sehr schmerzhaft sein.

Phase 2: Ist anschließend die sogenannte Phase der Trauer. Herzschmerz und Tränen sind an der Tagesordnung. Man braucht nur ein Foto vom Ex-Partner in die Hand zu nehmen und schon fängt an zu weinen. Wer die Trennung anerkannt und akzeptiert hat, kommt in die Phase der Trauer.

Jedes Mal wenn man am gleichem Restaurant vorbeikommt oder an Orten wo man gemeinsam viel Zeit verbracht hat passiert es, die Gefühle brechen aus, und der Schmerz und die Trauer kommen hoch. Schließlich fangen die Tränen an zu laufen. Man blendet in der zweiten Phase die schlechte Momente der Beziehung einfach aus. Man erinnert sich häufig nur an die schönen Momente der Beziehung.

Man fängt an, an sich selbst zu zweifeln und gibt sich die alleinige Schuld für das Scheitern der Beziehung. Man schließt sich in der Wohnung ein und vermeidet den Kontakt mit anderen Menschen. Nachdem man den Schmerz und die Trauer einigermaßen überwunden hat, versucht man das Chaos wieder in den Griff zu bekommen.

Ihr solltet danach wieder den Kontakt zu anderen Menschen suchen, die euch eventuell bei der Trennung behilflich sein können. Nichts mehr mit Selbstzweifeln und nichts mehr mit Trauer und Schmerz. Die zweite Phase wird nicht umsonst auch die sogenannte Schmerzphase genannt. Sie ist gleichzeitig auch die längste Phase der Trennung. Das Schwerste habt ihr schon geschafft, ihr habt die Trennung akzeptiert.

<u>3 Phase</u>: Hier denkt ihr zwar immer

noch an eurem Ex-Partner, und die Gefühle und die Trauer sind immer noch da, aber ihr könnt eure Gefühle wieder kontrollieren und ihr fangt dabei nicht gleich wieder an zu heulen. Die Lebenslust kehrt wieder zurück und ihr verlasst wieder häufiger das Haus. Ein neues Hobby wird gesucht und neue Kontakte werden geknüpft. Es fängt die Zeit des ausprobieren an, und ihr seid wieder offen für neue Dinge.

Es wird gereist und ausprobiert. Wünsche die lange offen waren werden jetzt erfüllt. Das Neue steht jetzt im Vordergrund und man versucht und probiert vieles aus. Die Wut und Verbitterung die man gegenüber dem Ex-Partner hatte nehmen ab, oder verschwinden ganz. Euer Selbstbewusstsein kehrt zurück, und ihr seid wieder offen für eine neue Beziehung.

Keine Kompromisse und auch keine Rücksicht die wir jetzt auf irgendjemanden nehmen müssten.

<u>Phase 4</u>: Jetzt haben wir quasi ein neues Leben, denn genauso fühlt es sich an. Nun habt ihr die Trennung überlebt und überwunden, genau jetzt seid ihr bereit für ein neues Leben. Wut, Schmerz und Trauer sind verblasst. Der Ex-Partner ist Vergangenheit und eine neue Zukunft fängt an. Ja ihr könnt euch gerade die neue Zukunft noch nicht richtig ausmalen, aber ihr wisst genau sie ist da. Ihr macht nun Dinge die euch gut tun. Wer sich in dieser Phase befindet, der sollte die Zeit als Single genießen. Er sollte sein Glück in Freizeit und Beruf finden. Vielleicht seid ihr sogar bereit für eine neue Partnerschaft, und ihr sucht euer Glück in dieser neuen Partnerschaft.

Kapitel 6.
Die Trennung verarbeiten

Wenn sich der Partner von einem trennt ist das zuerst einmal ein Schock. Nach einer Trennung benötigt der ein oder andere Hilfe bei der Bewältigung. Scheut euch nicht davor auch eine professionelle Hilfe in Anspruch zu nehmen. Im Allgemeinen leiden Frauen nach einer Trennung länger und dadurch auch mehr als Männer. Männer leiden dafür zwar intensiver, aber dadurch nur kurz. Eine Ehe ist für viele Betroffene ein Ruhepol oder eine Oase des Glücks. Mit dem Partner teilt man alles, Leid und

Glück. Auch werden die Probleme gemeinsam gelöst, und das schon seit vielen Jahren. Es gibt eventuell gemeinsame Kinder und einen gemeinsamen Freundeskreis. Und danach kommt der Schock, der Partner möchte sich von einem trennen. Den Schmerz kann man zulassen, aber die Trauer sollte nicht dauerhaft dein Leben dominieren. Das Verarbeiten der Trennung ist für beide Partner nicht leicht.

Es braucht viel Zeit die beendete Beziehung zu verarbeiten. Mit Freunden und Verwandten über die Trennung zu sprechen kann helfen. Statt in der Vergangenheit zu schwelgen kann es helfen ein neues Hobby, oder Sport zu haben. In der ersten Zeit unbedingt den Kontakt zum Ex-Partner unterlassen bzw. vermeiden. Nach einiger Zeit sollte man versuchen sich den Trennungsgründen ehrlich zu stellen. Das Ende einer Beziehung bedeutet nicht das Ende des Lebens. Die <u>Gründe</u> für eine <u>Trennung</u>:

Nicht immer ist eine neue Liebe des Partners für die Trennung verantwortlich. Die Partner entwickeln sich z. B. in unterschiedlicher Richtung und die Liebe erkaltet einfach nach einigen Jahren. In einigen Fällen ist schon seit Jahren der Wurm drin, und dennoch dauert es einige Zeit, bis einer von beiden Partnern endlich den Schlussstrich zieht.

Es gibt natürlich auch den Fall, dass einer von beiden Partnern sich anderweitig verliebt hat, und mittlerweile eine neue Liebe hat. Die Menschen sind unterschiedlich und genauso unterschiedlich sind die Gründe für eine Trennung. Leiden tun natürlich beide Partner bei einer Trennung, derjenige Partner der verlassen wurde jedoch mehr.

Der Partner der sich aktiv trennt leidet auch, aber meistens anders.

Die <u>10</u> <u>häufigsten</u> <u>Gründe</u> für eine mögliche Trennung:

1. Keine Zeit für einander.
2. Stress im Job.
3. Geldsorgen.
4. Sexflaute.
5. Entfernung.
6. Egoismus.
7. Zu wenig Zweisamkeit.
8. Alltagsstreitereien.
9. Ärger mit Kindern aus anderen Beziehungen.
10. Untreue.

Kapitel 7.
Gründe gegen eine Trennung

Manche Erdenbürger entscheiden aufgrund eines einmaligen Fehlverhaltens ihres Partners, z. B. eines Seitensprungs, zu schnell sich zur Trennung. Einige sammeln über Monate hinweg das Für und Wider einer Trennung, und versuchen ganz objektiv an die Sache heranzugehen. Wieder andere konzentrieren ihren Blick auf das, was ihnen an ihrem Partner missfällt. Sie schauen sich über einen langen Zeitraum die Verhaltensweisen ihres Partners an, bis an einem Tag das Fass überläuft und sie sich zu einer

Trennung entscheiden. Wenn wir unseren Blick nur auf das lenken was uns an unserem Partner stört, besteht die Gefahr, dass wir die Dinge übersehen, die für unsere Partner spricht. Wir betrachten unseren Partner mit Vorurteilen, dass er uns nicht zuhört, ein schlechter Partner ist, oder einfach nicht genügend für uns tut. Wenn wir nach Nachteilen in unserer Partnerschaft suchen, werden wir diese auch finden.

Im Folgenden möchte ich euch deshalb mögliche <u>Gründe</u> nennen, die <u>gegen</u> eine mögliche <u>Trennung</u> sprechen.

1. Du kennst seine Eigenheiten, Unterstützung im Haushalt,Geld ausgeben,Hygiene,Pünktlichkeit,wie er es mit Ordnung, et cetera, hält.

2. Du kennst seine Vorlieben beim Sex, er kennt deine.

3. Du hast ihn mit allen Sinnen erfasst, weißt wie er riecht, sich seine Haut und sein kleiner Bauch anfühlen.

4. Du kennst seine Lieblingsgerichte und weißt ob er selbst gerne kocht oder nicht.

5. Du kennst sämtliche mögliche Streitpunkte, und weißt genau welche Kompromisse möglich sind.

6. Du weißt genau über welche Themen er nicht reden möchte, wie er bei Stress reagiert und wann der günstigste Augenblick für ein ernsthaftes Gespräch ist.

7. Du weißt genau wann er schwach wird und deine Wünsche erfüllt.

8. Du weißt was du tun kannst um ihm eine Freude zu machen.

9. Du kennst eure gemeinsame

10. Ziele,Wünsche   und Wertvorstellungen.

11. Deine Eltern haben deinen Partner schon genehmigt und abgesegnet.

12. Du hast eine gemeinsame

13. Vergangenheit und kannst darüber mit ihm erzählen.

Am Ende entscheidest du über euer beider Leben, das sollte dir zumindest zu denken geben. Wenn du keine Liebe mehr für deinen Partner empfindest, ihm nicht mehr vertraust, ihn nicht so wie er ist akzeptieren kannst, und wenn deine wichtigsten Bedürfnisse nicht erfüllt werden, zum Schluss die Zeichen auf Trennung stehen. Sollte es aber mehr Gründe gegen eine Trennung geben, steht einer Fortführung der Partnerschaft nichts mehr im Weg.

Kapitel 8.

Das Trennungsjahr

„In guten wie wie in schlechten Tagen, bis dass der Tod uns scheidet." Das ist das Versprechen, dass man sich bei einer möglichen Eheschließung gibt. Aber nicht jede geschlossene Ehe hält auch bis zum Tod. Es kommt nicht selten genug vor, dass die schlechten Tage in einer Ehe überwiegen, und die Ehe frühzeitig von einem der Ehepartner beendet wird. Da die Ehe in Deutschland einen gesetzlichen Stellenwert hat, unterliegt sie auch gewissen Anforderungen. Die wichtigste Anforderung stellt das Trennungsjahr dar.

Kein Richter in Deutschland würde eine Scheidung aussprechen, wenn die Ehegatten nicht wenigstens für ein Jahr getrennt sind. Daher muss vor der Scheidung erst das Trennungsjahr vollzogen werden. Das Trennungsjahr ist also eine Voraussetzung für die Scheidung. Für eine Auflösung der häuslichen Gemeinschaft ist keine häusliche Trennung nötig.

Die eheliche Gemeinschaft muss am Jahresanfang beendet werden. Der Partner mit dem geringerem Einkommen hat das Recht auf Trennungsunterhalt. Spätestens nach drei Jahren Trennung kann die Scheidung auch gegen den Willen des Partners vom Gericht bewilligt werden. Die Ehegatten können auch im Trennungsjahr ihre Steuererklärung gemeinsam machen. Das Ehepaar kann bei einen Versöhnungsversuch, kurz vor dem Scheidungstermin das Scheidungsverfahren aussetzen. Im Trennungsjahr sollte eine Scheidungsfolgevereinbarung gemacht werden. Bei Härtefallentscheidungen kann es vorkommen, dass Ehen auch ohne ein vorhergehendes Trennungsjahr geschieden werden.

„Warum eigentlich ein Trennungsjahr?"

Nun die Ehe gilt in Deutschland als Institution. Die Ehe ist auf Dauer angelegt, und kann nicht einfach von einem Tag auf den nächsten beendet werden. Durch das Trennungsjahr sollen die Ehepartner wirklich nachweisen, dass ihre Ehe gescheitert ist. Es stellt eine Trennung auf Probe dar. Die Scheidung kann 4-6 Wochen vor Ablauf des Trennungsjahres beim Familiengericht beantragt werden. Nach dem Antrag bekommen beide Parteien einen Scheidungstermin.

Schließlich müssen beide Partner vor Gericht darlegen, inwiefern sie getrennt sind und erklären, dass es keine Versöhnung mehr gibt. Jedes Ende stellt auch einen Neuanfang dar.

Kapitel 9.
Die Einsamkeit

Einsamkeit ist ein sehr unangenehmes Gefühl, mit dem viele Menschen schon einmal Bekanntschaft gemacht haben. Es ist ein Gefühl absoluter Leere und Verzweiflung. Die Betroffenen Menschen fühlen sich nicht gewollt, nicht zugehörig und von der Gesellschaft ausgeschlossen. Man kann auch einfach sagen, verlassen und ungeliebt! Die Einsamkeit kann auch in einer von uns gewohnten Umgebung von uns Besitz ergreifen. Sie kann krank machen und außerdem noch chronisch werden, wenn wir nichts dagegen tun um die Einsamkeit zu überwinden. Die Einsamkeit kann dazu führen, dass wir uns mehr und mehr zurückziehen und über kurz oder lang, am Ende ganz aufgeben und resignieren. Die Einsamkeit ist also ein wichtiges Alarmsignal, dass uns darauf hinweist, dass unsere Bedürfnisse nicht mehr erfüllt werden. Einsamkeit bedeutet nicht, dass wir alleine sind. Ich kann alleine sein und trotzdem glücklich und zufrieden sein.

Ich kann genauso von vielen Menschen umgeben sein, und mich trotzdem einsam fühlen. Die Einsamkeit hängt nicht davon ab, ob dich andere mögen oder den Kontakt mit dir suchen. Es hängt vielmehr davon ab, was du selbst über dich und deinen Mitmenschen denkst. Ob du dich einsam fühlst hängt also im Wesentlichen von deiner Einstellung ab. Mögliche Ursachen für Einsamkeit: Ein geringes

Selbstwertgefühl, eine extreme Schüchternheit, zu hohe Erwartungen, Unzufriedenheit über bestehende Kontakte. Abschließend noch ein Tipp: Lerne mit dir selbst allein zu sein und deine Einsamkeit verschwindet.

Die Eifersucht:

„Was ist Eifersucht und welche Ursachen hängen dahinter?"

Eifersucht ist eine unterschiedlich stark ausgeprägte und emotionale menschliche Reaktion, und Verhaltensweise einer Bezugsperson gegenüber. Meistens sind entweder Ehepartner, Lebensgefährten oder Kinder betroffen. Es sind Menschen die dem Eifersüchtigen am nächsten stehen, und am meisten von ihm geliebt werden. Bei der Eifersucht geht es um den hohen Anspruch des Besitzen, auf denjenigen gerichtet der in Begriff ist sich zu entfernen. Körperlich und mental sich zu entfernen. Die Eifersucht gibt es in vielen Facetten. Sie kann auch zur Sucht werden und wirkt dabei wie ein Gift, dass die Liebe und den Frieden tötet. Eifersucht kann nur dort entstehen, wo es einen Bezug zu drei Menschen gibt. Eifersucht definiert sich als Angst das zu verlieren, was dem Betroffenen am liebsten und wertvollsten ist. Die Liebe der am nächsten stehen Person. Faktoren für eine Eifersucht:

Mangelnde Zuwendung und Aufmerksamkeit, das dritte Rad am Wagen, Liebesentzug, Untreue des Lebensgefährten, Verlustangst, eigene Unsicherheit, verstärkte Vertrautheit des Lebensgefährten zu einer dritten Person, fehlendes Selbstwertgefühl,mangelndes Vertrauen, eigene Unsicherheit. Es gibt verschiedene Arten von Eifersucht und diese werden wie folgt unterschieden in:

Normale, mäßige und stark krankhafte. Die Selbsterkenntnis stellt den ersten Schritt dar, um die Eifersucht in den Griff zu bekommen. Ein verständnisvolles, offenes und ehrliches Gespräch zwischen den Betroffenen, mit Hinweisen auf Ängste und Mutmaßungen, ist die Grundlage für eine positive Veränderung.

Kapitel 10.

Die Sexsucht

An Sexsucht leiden in Deutschland mehr Menschen, als viele denken.

„Woran erkennst du, dass du an Hypersexualität leidest?"

„Und wie lässt sich diese psychische Krankheit behandeln?"

Bei der Sexsucht oder auch Hypersexualität handelt es sich um eine zwanghaft ausgeübte Sexualität, die über ein normales Sexualverhalten hinausgeht. An der Sexsucht leidenden Menschen erfahren einen hohen Leidensdruck. Je länger ihre Krankheit anhält, je schwerer ist ihr extremes Verlangen nach Sex zu befriedigen.

„Wie erkennt man ob man Sexsüchtig ist oder nicht?, und was die Ursachen dafür sind?"

Die Symptome für eine Sexsucht sind sehr vielfältig, diese zu erkennen ist schwierig. Symptome bei einer möglichen Sexsucht: Täglicher pornografischer Konsum, exzessive Masturbation und häufig wechselnde Sexpartner. Der Sex nimmt einen sehr wichtigen Platz im Leben des Betroffenen ein. Mit zunehmender Zeit verliert er die Kontrolle über sein Sexualverhalten und andere Interessen geraten in den Hintergrund. In vielen Fällen dient Sex der Betäubung von anderen seelischen Leiden. Diese können Trauer,Stress Alkoholismus und Medikamentensucht sein. Mit der Zeit verstärken sich die Symptome und die sexuellen Erlebnisse müssen immer intensiver werden, damit der Sexsüchtige eine gewisse Form der Befriedigung erfährt. <u>Gefahren</u> einer <u>Sexsucht</u>: Psychische Belastung, Ansteckung mit einer Geschlechtskrankheit, Kontrollverlust, Sexualdelikten, Exhibitionismus, sexueller Belästigung und Vergewaltigung.

Der Kontrollverlust beim Sexsüchtigen ist ein sehr ernst zu nehmendes Problem, welcher in sehr schweren Fällen sogar zu Sexualdelikten führen kann. Ursachen einer Sexsucht: Genetische Veranlagung, psychologische Faktoren, körperliche Erkrankungen. Sexsüchtige kommen sehr häufig aus Familien wo Alkoholismus ein Problem darstellt. Dies lässt nur eine Vermutung zu, dass bereits eine Veranlagung zur Sexsucht tief verankert in den Genen liegt. Wie bei jeder Sucht oder

Zwangsstörung muss der Betroffene erst einmal die Einsicht haben, dass sein Verhalten falsch ist. Bei Einsicht kann im nächsten Schritt ein passender Experte aufgesucht werden. Sofern man physische Gründe ausschließen kann, wird eine kognitive Verhaltenstherapie angewandt. Hier wird bei Betroffenen darauf geachtet, dass diese den richtigen Umgang mit ihrer übersteigerten Lust erlernen. Auch durch Sex nicht mehr negative Gefühle verdrängen zu wollen.

Kapitel 11.
Die Freundschaft

Wo die Freundschaft hinfällt. Eine Freundschaft unter Kinder ist anders als die unter Erwachsenen. Freunde sind in unserem Leben sehr wichtig. Intuitiv suchen sich Kinder ihre Lieblingsspielkameraden aus. Die ersten Freundschaften werden im Kindergartenalter geschlossen. Im zartem Alter von 3 Jahren werden also die ersten Freundschaften geschlossen, die aber nicht allzu lange halten, weil Kinder in diesem Alter ihre eigene Bedürfnisse nicht zurückstellen können. Oft überdauert eine neu geschlossene „Freundschaft" nicht einmal den Tag, in der sie geschlossen wurde. Die Beziehungen („Freundschaften") im Alter von 3-5 Jahren haben natürlich wenig damit zu tun, was Erwachsene unter einer „Freundschaft" verstehen. <u>Vorteile einer Freundschaft</u>:

Wichtiger Anker, der beste Freund(in).

Vom Anderssein profitieren.

Gute Freunde verlängern dein Leben.

In schweren Zeiten dein Unterstützer.

Freundschaften 3.0 Facebook.

Bei einer Freundschaft zwischen Jugendlichen und Erwachsenen spielen die Gespräche die man miteinander führt eine große Rolle. Bei den kleinen Leuten (Kindern) ist das ganz anders. Kinder wählen eine ganz andere Möglichkeit um miteinander zu kommunizieren. Kinder teilen ihr Frühstück oder verteidigen ihren

Freund(in) gegen andere Kinder, und nehmen auch eigene Nachteile dadurch in Kauf. Diese „Freundschaften" stellen meistens nur Zweckbündnisse dar, um sich z. B. gegenüber anderen Kindern, sogar gegen Erwachsenen zu verbünden und um nicht alleine spielen zu müssen.

<u>In der Pubertät</u>:

Der wichtigste Anker ist die beste Freundin. Besonders bei den Mädchen spielt die beste Freundin eine Schlüsselrolle. Häufig ist die beste Freundin wichtiger als die eigenen Geschwister oder Eltern. Das kommt daher weil man ihr (fast) alles anvertraut. Leider ist es aber auch so, dass sobald eine andere „beste" Freundin auftaucht, es mit der alten Freundschaft vorbei ist! So eine alte Freundschaft kann von einen Tag auf den anderen zerbrechen. Jungen haben häufig auch einen guten Freund.

Doch in der Regel ist er austauschbar. Sollte der Freund einmal telefonisch nicht zu erreichen sein, haben Jungen kein Problem damit, mit anderen Jungen (Kumpeln) loszuziehen. Auch im Erwachsenenalter ändert sich die Art und Weise nicht, wie Männer und Frauen ihre Freundschaften führen. Während bei Frauen die „beste" Freundin eine wichtige Rolle spielt, häufig Männer nur einen engen Freund haben. Während Frauen gegenüber ihrer „besten" Freundin auch intime Dinge und Informationen austauschen und besprechen, Männer in der Regel dies mit ihren besten Freund nicht machen.

Freundschaft 3.0:

In Zeiten von sozialen Netzwerken wie Twitter und Facebook haben sich auch die Beziehungen (Freundschaften) verändert. Viele Menschen nutzen die sozialen

Netzwerke um Beziehungen zu knüpfen. Erfahrungsgemäß werden diese Beziehungen aber bei weitem nicht so intensiv geführt, wie eine „richtige" Beziehung (Freundschaft). Das liegt natürlich daran, dass man in sozialen Netzwerken nicht immer ehrlich sein muss! In einer „richtigen" Beziehung es nach einer gewissen Zeit es doch sofort auffallen würde, wenn man nicht ehrlich und aufrichtig ist.

Auch kann man in einer „richtigen" Beziehung (Freundschaft) viel besser seine eigene Gefühlen mit einem Menschen (Frau oder Mann) viel intensiver und besser austauschen. Das Internet und damit auch die sozialen Netzwerke bieten gewisse Vorteile. Eines dieser Vorteile ist bestimmt die Anonymität. Ein weiterer Vorteil stellt die Möglichkeit dar über eine große Entfernung eine Beziehung

(Freundschaft) mit anderen Menschen aufrecht zu erhalten und zu pflegen, die man sonst aus den Augen verlieren würde. Natürlich besteht auch die Möglichkeit mit Menschen in aller Welt eine neue Beziehung bzw. Freundschaft zu schließen. Freunde tun einem gut und wer es schafft eine gute Beziehung aufzubauen, steigert damit sein Wohlbefinden.

Wer eine funktionierende soziale Beziehung hat, der ist meistens gesünder und zufriedener, als Menschen die alleine und dadurch isoliert leben. Das Risiko für Krankheiten wie Herz-Kreislauf-Erkrankungen oder Depressionen verringert sich deutlich. In Prüfungssituationen werden deutlich weniger Stresshormone ausgeschüttet, und bessere Prüfungsergebnisse erzielt, wenn die zur Prüfung vorbestellte Person vom Freund(in) begleitet wurde. Mit Freunden werden Probleme einfach als weniger bedrohlich empfunden. Die Freundschaft wirkt sich nur dann positiv aus, wenn es sich um eine vertrauensvolle und gleichberechtigte Beziehung(Freundschaft) handelt. Hierbei spricht man dann von einer Beziehung bzw. Freundschaft wo man durch „dick und dünn" geht!

<u>Unterstützer in schweren Zeiten</u>:

Die Freundschaften geben dem Leben einen Sinn. Es hilft in schweren Zeiten nicht alleine auf der Welt zu sein, und den Alltag zu bewältigen. Außerdem tut es gut mit einem Vertrauten über seine Probleme zu sprechen. Freunde können bei vielen Entscheidungen helfen. Es gibt also eine Menge Gründe warum es wichtig ist, sich ein soziales Netzwerk aufzubauen. In der Regel gelingt es den Frauen besser als den Männern. Freunde zu finden und die Beziehungen zu pflegen ist nicht einfach, da man die eigene Bedürfnisse zurückstellen muss. Im Alltag ist einfach zu wenig Platz für regelmäßige Verabredungen. Einig ist man sich darüber, dass wer gute Freunde hat, einfach besser durchs Leben kommt.

<u>Freundschaft</u> zwischen <u>Mann</u> und <u>Frau</u>:

„Klappt das wirklich zwischen Mann und Frau?"

Man liebt sich, das aber nur platonisch

„Oder funkt irgendwann zwischen Mann und Frau doch der Sex dazwischen?"

Männer und Frauen können durchaus auch nur Freunde sein, das aber nur unter einer Bedingung: Beide halten sich an die Regeln.

„Warum haben Frauen gerne Männer zum Freund?"

Sie schildern, dass Männer eine sachliche und weniger emotionale Betrachtungsweise der Dinge haben. Auch wenn man vorm Kleiderschrank steht und verzweifelt zwischen zwei Hosen wählt, fällt die Entscheidung viel einfacher wenn man seinen „nur" Freund fragt! Männer entscheiden schnell und auch noch sehr praktisch dazu. Nichts zum anziehen was zu auffällig und noch dazu, zu aufdringlich wäre.

Auch Männer haben einen großen Vorteil bei der Freundschaft ohne Sex. Wenn Mann z. B. wegen der frischen Trennung seiner Liebsten ein paar Tränen verdrückt, während er von seinen Kumpels ein „stell dich nicht so an" erhält. Bei Frauen kann er sich hingegen stundenlang ungehemmt sein Herz ausschütten, und ist anschießend sicher keine Memme.

„Was passiert aber wenn man sich doch verliebt?"

„Wenn man nach einem gemeinsamen Kino Besuch sich z. B. anschließend in den Armen liegt, und sich küsst?"

Das ist danach wohl der „Todesstoß" für jede Kameradschaft! Menschen die wir lange kennen werden mit der Zeit attraktiver. Man denkt öfter an sie oder man erinnert sich schlicht und einfach nur an das süße Lächeln. Wenn es nur eine kleine Schwärmerei ist, sollte man sich die Frage stellen:

„Ob sich die ganze Sache lohnt und ob man dafür bereit ist die Freundschaft aufs Spiel zu setzen?"

Sollten die Gefühle erwidert werden und sonst kein weiterer Einwand bestehen, steht der Liebe nichts mehr im Weg. Sollte aber einer von beiden sich nicht auf eine Liebe einlassen wollen, muss man erst einmal mit der bitteren Enttäuschung leben. Wenn man über diese Enttäuschung hinweg ist kann man sich besser wieder auf die Freundschaft einlassen, und ist gleichzeitig wieder offener für andere. Am Ende kommt die wahre Liebe auch, ganz sicher sogar.

„Ist eine Freundschaft zwischen Mann und Frau auf lange Sicht möglich?, oder funkt doch immer der Sex dazwischen?"

Ja es ist zwischen Mann und Frau möglich auch über viele Jahre hinweg eine Freundschaft aufrecht zu erhalten, dass aber nur unter bestimmten Bedingungen. Oft ist es so, dass Mann und Frau sich bereits im Kindesalter kannten. Oder beide sich eigentlich nicht so sehr mögen, sondern nur toll ergänzen. Die gleichen Hobbys betreiben, die gleiche Kneipe besuchen oder einfach nur die Nähe zu einander gut finden. Nur weil man zusammen viel gemeinsam hat, bedeutet das noch immer nicht, dass da auch Liebe und Sex sein muss. Falls wir die Wahl zwischen Freundschaft, Sex und Liebe haben, entscheiden wir uns fast immer für den Sex und die Liebe. Es ist und bleibt wohl für immer ein Spiel mit dem Feuer. Am Ende kann man doch sagen gibt es viel schlimmeres als ein Liebes-Happy-End mit seinem „besten" Freund.

Kapitel 12.
Heiraten oder wilde Ehe?

„Soll ich?" „Soll ich nicht?" Heutzutage ist das Ja auf dem Standesamt vor allem ein Ausdruck von ganz großen Gefühlen. Doch egal wie groß die Liebe ist, entscheiden sich viele Paare auch für die wilde Ehe. Manchmal bietet das Zusammenleben ohne einen Trauschein Vorteile, oft stehen Ehepaare besser da. Es geht in erster Linie um die Rechte und Pflichten von Paaren, dabei ist es unerheblich ob mit oder ohne Trauschein. Was wohl einen bedeutenden Unterschied macht ist, ob Kinder im Spiel sind oder nicht. Der Partnerschaftsvertrag ist eines von den Dingen an denen vor allem junge Paare am Anfang einer Verbindung, keinen Gedanken verschwenden.

„Wer denkt schon am Anfang einer Beziehung an einen Partnerschaftsvertrag?"

Vor allem wenn man in wilder Ehe lebt! Sollte der Partner nach Jahren des Zusammenlebens mit einem Partnerschaftsvertrag ankommen, sieht es gleich so aus, als wenn der Partner einen nicht mehr liebt. Leider ist es so, dass vor allem die Paare die in wilder Ehe leben, von einem Partnerschaftsvertrag profitieren. Hier drin werden unter anderem die Unterhaltspflicht untereinander, und die für vorhandene Kinder geregelt. Das absichern des Partners und der Kinder durch ein Testament oder eines Erbvertrags, stellt eine Art der Absicherung für den Partner und den Kindern dar.

„Welches sind aber nun die Vor und die Nachteile für das zusammenleben der Paare?, egal ob mit oder ohne einen Trauschein!"

<u>Vor und Nachteile</u>:

Private Versicherungen: Keine Vorteile mehr, da hierbei nicht mehr unterschieden wird ob das Paar mit oder ohne Trauschein zusammen lebt. Es reicht wenn man eine gemeinsame Wohnung hat, gilt für Hausrat, Haftpflicht und Rechtsschutz.

Personenversicherungen: Kosten immer gleich egal ob man zusammen lebt oder Single ist. Beispiel: Private Kranken-,Lebens-,und Berufsunfähigkeitsversicherung.

Krankenkasse: Beide zahlen ihren eigenen Beitrag unabhängig von einander, wenn beide berufstätig sind. Vorteil nur wenn einer von beiden(nur Ehepaare) arbeitslos wird, danach ist der Partner automatisch in der gesetzlichen Krankenversicherung beitragsfrei mitversichert. Ein unverheirateter muss sich selbst versichern.

Mietrecht: Die Zeiten sind vorbei wo man ohne einen Trauschein keine gemeinsame Wohnung bekam. Der Vermieter muss informiert werden falls der Partner bei einem einziehen möchte. Vermieter muss Zustimmung erteilen. Bei Ehepaar braucht es nur eine Info, aber keine Zustimmung. Beim scheitern einer wilden Ehe muss der Partner ausziehen, und hat keinerlei Ansprüche in der Wohnung zu bleiben. Mit Trauschein Vorteil bei einer Scheidung, da derjenige der ausziehen muss, nur den Vermieter informiert. Bei Tod ist es egal ob mit oder ohne Trauschein, der Überlebende behält die Wohnung.

Steuern: Verheiratete können das Ehegattensplitting nutzen, unverheiratete dagegen nicht. Das Ehegattensplitting lohnt sich besonders wenn einer der Eheleute viel und der andere wenig verdient.

Haftung: Bei unverheiratete macht jeder sein eigenes Ding, der Partner haftet nicht. Bei Eheleute ist das bis zu einem gewissen Grad anders. Bei einem Zeitungsabo oder einer Reparatur eines Wasserhahns, kann die Firma auch das Geld vom Ehepartner sich holen. Die Ausnahme wäre bei einer Weltreise oder Autokauf, dafür haftet der Ehepartner nicht. Auch bei Bankkrediten die der Ehepartner alleine aufnimmt, haftet der Partner nicht.

Trennung: Unverheiratete Paare

können sich ohne Formalitäten blitzschnell trennen. Ganz anders sieht es bei Ehepaaren aus, die müssen sich ganz offiziell vor einem Gericht scheiden lassen. Das natürlich langwierig, teuer und nervenzerreißend sein kann.

Vermögen: Bei Eheleuten erfahrungsgemäß zu intensiven Verhandlungen und hohen Kosten führt, wenn Immobilien vorhanden sind. Bei einer Scheidung bei Ehepartnern ein auseinanderdividieren des Vermögens stattfindet. Ein Streit über jede Tasse ist vorprogrammiert. Unverheiratete Paare können sich solche Streitereien einfach ersparen. Bei denen gilt: Meins bleibt meins, und geschenkt ist geschenkt. Unverheiratete haben im Falle einer Trennung keinen Anspruch auf das Geld oder Vermögen des anderen.

Unterhaltspflicht: Unverheiratete

Paare sind einander zu nichts verpflichtet. Dabei ist es völlig egal ob der andere krank, pflegebedürftig oder in einer finanziellen Notlage ist. Es entstehen keinerlei Ansprüche gegen den Partner selbst dann nicht, wenn das Paar jahrzehntelang zusammen war, oder einer wegen gemeinsamer Kinder seinen Beruf aufgegeben hat. Ausnahme: In den ersten 3 Jahren nach der Geburt des Kindes hat die unverheiratete Mutter Anspruch auf Unterhalt für sich selbst. Rein rechtlich kann der unverheiratete Partner einfach gehen, und den Hilfsbedürftigen seinen Schicksal überlassen. Bei Eheleute sind beide Partner verpflichtet für einander zu sorgen und gegebenenfalls sowohl während der Ehe, als auch nach einer Scheidung Unterhalt zu zahlen.

Sozialhilfe: Benötigt jemand Sozialhilfe, rechnet das Amt bei allen Paaren die gemeinsam in einer Wohnung leben, das Einkommen des Partners an. Verheiratete und unverheiratete sind in diesem Punkt gleichgestellt.

Sorgerecht: Bekommt ein unverheiratetes Paar Nachwuchs, hat automatisch die Mutter das Sorgerecht, und die Kinder tragen den Nachnamen der Mutter. Möchte der Vater das nicht, muss er ausdrücklich das gemeinsame Sorgerecht beantragen. Bei Eheleute haben beide Eltern das Sorgerecht, und die Kinder tragen den gemeinsamen Familiennamen.

Tod: Stirbt bei unverheirateten ein Partner, hat der Überlebende keinerlei gesetzliche Erbansprüche. Und bekommt darüber hinaus keinen einzigen Euro Witwenrente aus der gesetzlichen Rentenversicherung. Verheiratete Paare sind hier erheblich besser gestellt. Der

Überlebende ist automatisch gesetzlicher Erbe, und hat außerdem Anspruch auf Hinterbliebenenrente.

Die Entscheidung in wilder Ehe zu leben oder doch lieber zu heiraten, kann euch niemand abnehmen. Sicher ist aber eines, dass Paare mit einem Trauschein besser dastehen. Egal ob es um den Unterhalt, das Sorgerecht für Kinder oder das Erbe geht, verheiratete Paare stehen dort besser da.

Kapitel 13.

Die Hochzeitsplanung

„Sie hat ja gesagt, oder war es doch er?" Egal wer ja gesagt hat, jetzt steht die Hochzeitsplanung an. Entscheidungen werden getroffen und verschiedene Dinge müssen jetzt erledigt werden, damit die Hochzeit zum schönsten Tag im Leben des Brautpaars wird. Die Terminfindung steht an, und viele Standesämter und Locations (Standorte) sind auf Monate und Jahre ausgebucht. Gleichzeitig klärt das Brautpaar zu Beginn der Hochzeitsplanung den Rahmen.

„Wünscht sich das neue Brautpaar mit

hunderten oder gar tausenden von Freunden, Arbeitskollegen und Familie Familie zu heiraten?"

„Oder besteht der Wunsch darin im engsten Familienkreis zu feiern?"

Nachdem diese Fragen beantwortet sind, kann man mit dem Feintuning (Feinabstimmung) der Hochzeit beginnen.

„Welche Hochzeitsmusik gespielt wird?, und wie viele Gäste an jedem Hochzeitstisch sitzen?"

Da die Planung sehr viel Zeit in Anspruch nimmt, sollte man sich einen professionellen Hochzeitsplaner buchen. Also eine Person der sie tatkräftig bei der Hochzeitsplanung unterstützt. Die langjährige Expertise des Hochzeitsplaner sollte ein treten in bekannte Fettnäpfchen, verhindern.

Beliebte Hochzeitsbräuche: Das Brautpaar eröffnet die Tanzfläche mit einem Walzer oder anderer Hochzeitsmusik. Das Anschneiden der Hochzeitstorte. Die Gäste schreiben Wünsche auf Karten und lassen sie mit Ballons gegen den Himmel steigen. Der Bräutigam kauft die Braut nach Brautentführung frei. Die Hochzeitszeitung wird verkauft.

Die Hochzeitsplanung: Fängt man 9 Monate vor Wunschtermin an. Die Braut sucht nach Hochzeitskleidern und der Bräutigam nach einem Anzug. Bei der Suche nach einem richtigen Brautkleid können Freude und Verwandte behilflich sein. Der Mann muss bis zur Trauung warten, bis er das Hochzeitskleid beäugen darf. Umgekehrt darf die Braut aber den Anzug des Bräutigam begutachten und sehen. Bei der Trauung kann das Brautpaar bestimmen ob bereits alle Gäste im ersten Akt der Hochzeit beiwohnen, oder ob im engen Familienkreis geheiratet wird. Nach einem Ja Wort des Brautpaares folgt der zweite Akt, die Hochzeitsfeier. Bis zum Tag der Trauung sollten alle Details für die Hochzeitsfeier geplant sein. Die Hochzeitstische sollten dekoriert, die Hochzeitsmusik vorbereitet und die Hochzeitstorte gekühlt sein.

Kleine Geschenke und Tischkarten sorgen für einen ersten positiven Eindruck bei den Gästen. Das Brautpaar kann mit einer persönlichen Begrüßung für weitere Freude bei der Hochzeitsfeier sorgen. Außerdem können die Gäste so einen weiteren Blick auf das schöne Brautkleid werfen, und den Bräutigam zu seinem guten Fang beglückwünschen. Erst nach einer offiziellen Begrüßung gehen die Gäste an die einzelnen Hochzeitstische, um ihren Platz einzunehmen.

<u>Der Ablauf am Hochzeitstag</u>:

Kirchliche oder standesamtliche Trauung.

Begrüßung am Ort der Hochzeitsfeier.

Einnehmen der Plätze am Hochzeitstisch.

Bilder der Hochzeit mit einem Fotografen.

Buffet oder Menü als Abendessen.

Eröffnungstanz und gewünschte Spiele.

Anschneiden der Hochzeitstorte.

Genießen der eigenen Hochzeit.

Damit die Hochzeit ein Erfolg wird werden in den meisten Fällen die Trauzeugen herangezogen. Sie sind anschließend diejenigen die das Erstellen und Planen einer Hochzeitszeitung, planen von lustigen Hochzeitssprüchen, und vergeben von Aufgaben. Am Hochzeitstag sollten alle Gäste ihren Geldbeutel bei sich haben, um den Hochzeitstag teilweise mit zu finanzieren. Sie kaufen die Hochzeitszeitung, übergeben die Hochzeitsgeschenke oder geben einen Obolus(Spende) zur Hochzeitsreise oder den Flitterwochen hinzu. Im Vorfeld kann man schon Planen was man sich als Hochzeitsgeschenk wünscht.

Direkt bei der Einladung zur Hochzeit kann man drauf schreiben was man am dringendsten benötigt, oder sich wünscht. Die Hochzeitsreise findet anschließend nach der Hochzeitsfeier statt. Meistens fliegen die Ehepaare Richtung Süden und genießen nach einer anstrengenden Planung einer Hochzeit, ihre Flitterwochen an den schönsten Stränden der Welt.

Einige der beliebten Ziele für die Hochzeitsreise:

Ostsee

Mallorca

USA

Seychellen

Paris

Dubai

Mexiko

Karibik

Kanarische Inseln

Thailand

Südafrika

Auf dem Punkt gebracht kann man am Ende sagen: Damit die Hochzeit ein voller Erfolg wird braucht man einen langen Atem und einen Hochzeitplaner. Achtet man bei der Hochzeitsplanung auf die Bedürfnisse der Gäste und darüber hinaus auf die eigenen Vorlieben, kann die Hochzeit ein großer Erfolg werden.

<u>Budget</u>: Das Hochzeitsbudget ist entscheidend für den Umfang und die Art der Hochzeitsfeier. Auch für die Anzahl der Gäste, die Location(Standort) der Hochzeitsfeier, das Ziel der Flitterwochen und vieles mehr. Alles ist abhängig vom verfügbaren Geld(Betrag) für die Hochzeit. Aus diesem Grund sollte das Thema Finanzierung ganz am Anfang der Hochzeitsplanung stehen.

<u>Mögliche Hochzeitskosten</u>: Da jedes Brautpaar andere Vorstellungen und Wünsche hat, können an dieser Stelle keine konkrete Zahlen genannt werden. Die Zahlen wurden nur zur Orientierung gewählt. Die Kosten können natürlich von Feier zu Feier deutlich variieren, vor allem wenn man in Eigenregie einige Dinge und Aufgaben selbst erledigt.

Brautmode und Styling:

Brautkleid für die Kirche/Feier
Ab 500 Euro
Schleier oder Hut ab 50€
Handschuhe ab 20€
Accessoires ab 20€
Brautschuhe ab 100€
Kleid für das Standesamt
Ab 200€
Schuhe für das Standesamt
Ab 100€
Accessoires für das Standesamt
Ab 50€
Dessous ab100€
Frisur ab 50€
Make-up ab 50€
Maniküre und Pediküre
Ab 50€

<u>Mode und Styling für den Bräutigam</u>:

Hochzeitsanzug für
die Kirchen/Feier
Ab 200 Euro
Krawatte,Fliege und Hut
Ab 30€
Schuhe für den Hochzeitsanzug
Ab 100€
Schuhe für das Standesamt
Ab 100€
Schuhe für das Standesamt
Ab 50€
Frisur ab 20€
Accessoires ab 50€

<u>Standesamt</u>:
Gebühren für das Standesamt
Ab 25 Euro
Stammbuch und andere Dokumente
Ab 30€

Sektempfang Ab 3€ p.P.

Fotograf ab 200€

Auto mit Schmuck

ab 100€

Brautstrauß ab 50€

Blumengesteck Bräutigam

Ab 10€

Kirche:

Blumenschmuck ab 100 Euro

Organist und Musik ab 50€

Fotograf ab 200€

Sektempfang ab 3€ p.P.

Auto mit Schmuck ab 100€

Gebühr für Trauung/

Dankesspende ab 50€

Blumengesteck Bräutigam

Ab 10€

Brautstrauß ab 50€

Dekoration und Druck:

Save the-Date-Karten
Ab 20 Cent
Einladungen ab 1,50 Euro
Tischkarten ab 15 Cent
Menükarte ab 2€
Liedblatt für Kirche ab50 Cent
Danksagung ab 1€
Sonstige Deko ab 50 Cent

Feier:

Dekorationsservice
Ab 150 Euro
Zeitungsannonce
Ab 50€
3-Gänge-Menü
Ab 29€ p.P.
5-Gänge-Menü
Ab 50€ p.P

Buffet ab 35€ p.P.

Getränke ab 25€ p.P.

Hochzeitstorte ab 100€

Licht und Technik ab 100€

Band ab 350€

D J ab 350€

Alleinunterhalter ab 150€

Feuerwerk ab 200€

Blumen-schmuck 150€

Hotel ab 30€ p.P.

Transfer ab 5€ p.P.

Eheringe ab 300 €

Polterabend ab 5€ p.P.

Flitterwochen ab 1000€ p.P.

Wedding-planer ab 300€

Sonstiges:

Porto-kosten ab 55 Cent

Gastgeschenke ab 2,50€

Gästebuch ab 10€

Blumenschmuck ab 150€

Hotel ab 30 Euro p.P.

Transfer ab 5 Euro p.P.

<u>Die Trauringe</u>: Die Trauringe (Eheringe) sollte man natürlich gemeinsam aussuchen. Die Ringe fürs Leben müssen Ehefrau und Ehemann gleichermaßen gefallen.

„Was gefällt uns?"

Da Mann und Frau unterschiedliche Vorstellungen haben, sollte man sich auf ein Design(Entwurf) gemeinsam einigen. Wer die Wahl hat hat die Qual. Egal ob es in Gold oder Weißgold, mit oder ohne Brillanten sein soll, die Auswahl ist riesig. Oft hilft es sich inspirieren zu lassen. Egal wie ihr es anstellt, ob ihr eine Sonderanfertigung fertigen lasst oder lieber etwas günstigeres in Augenschein nehmt. Eines dürft ihr auf keinen Fall machen, über die Trauringe zu streiten. Deshalb an dieser Stelle folgender Tipp: Lasst euch bei der Suche nach den richtigen Trauringen Zeit.

Nachtrag

„Warum schreibe ich eigentlich so ein Buch?"

Nun ich denke die Inspiration kam ganz eindeutig von meiner Zwillingsschwester und zum anderem von meiner Ex-Partnerin. Meine Zwillingsschwester und meine Ex-Partnerin die beide mir schon immer ein Vorbild waren, und beide ein Herz aus Gold haben. Beide haben sie gemeinsam, dass sie mich zum Heiraten überzeugen versuchten. Wir erinnern uns, ich gehöre zu der Gruppe Menschen die noch unentschlossen sind bezüglich des Heiraten. Ich hielt früher nicht viel vom heiraten, und heute bin ich mir da nicht mehr so sicher. Es gibt doch einige Gründe die durchaus fürs heiraten sprechen, aber leider auch einige wichtige Gründe dagegen. Ich bin geschockt wenn es darum geht schon am Anfang einer Ehe, quasi schon das Ende der Ehe zu besprechen! Ich meine den Güterstand zu beschließen und eventuell einen Ehevertrag zu vereinbaren, falls doch der ungewollte Fall der Scheidung eintritt. Schon vor der Hochzeit über das Ende der Partnerschaft zu reden, das muss weh tun!

„Ich meine geht es noch unromantischer?"

Das ist und war der Punkt an dem ich nie vorbei kam. Die Ehe stellt einen Kompromiss dar und beide Ehepartner verlassen das Single-Leben. Beide Lebenspartner begeben sich in den Hafen der Ehe, und damit in ein für beides noch ungewohntes und neues Terrain.

„Ob beiden Eheleuten bei der Trauung schon bewusst ist, dass eine Ehe auch verzicht bedeutet?"

Ja man muss auf einiges verzichten, und teilen sollte man auch können. Die Ehe ist ein Kompromiss und viele Menschen können und wollen sich nicht darauf einstellen. Das sollte auch mit ein Grund dafür sein warum so viele Ehen nach nur 2 Jahren Ehe, wieder geschieden werden. Nicht jeder Mann oder jede Frau ist für die Ehe geschaffen. Ich hatte in den letzten Jahren einige positive Beispiele dafür, wie gut es Menschen in einer Ehe geht. Leider hatte ich auch einige wenige Beispiele dafür, wie schlecht es einem nach einer Scheidung geht. Die Schlechten Beispiele schrecken ganz schön ab und bestärken mich nur noch in meiner Meinung. Am Anfang einer Ehe schon über das Ende zu reden ist kein gutes Omen. Ich habe Menschen gesehen die nach einer Scheidung gebrochen waren. Die für die Ehe alles gaben und am Ende alles verloren hatten. Ich habe Angst das große Leid zu erfahren, dass diese Menschen erfuhren die ich Mal kannte. Sich ganz sicher zu sein und den Partner völlig und ganz zu vertrauen. Vielleicht in unserer hektischen Zeit nur eine Illusion!

Ich weis es hört sich alles ganz schön entmutigend an, und die schönen Beispiele mögen dafür ein bisschen entschädigen. Wenn man aber den Menschen gefunden hat, ich meine den einen mit dem man ganz lange zusammen sein möchte, und anschließend auch noch ganz alt. Ich würde in diesem speziellen Fall einfach sagen probiert es Mal, mehr als schiefgehen kann es nicht. Abschließend muss ich leider sagen, ich bin noch immer nicht von der Ehe überzeugt. Das bedeutet aber keinesfalls, dass ich dagegen bin. Die Zeit wird zeigen ob auch ein in die Jahre gekommener Erdenbürger wie ich, am Ende doch noch seine Frau fürs Leben findet. Sicher ist nur, dass ohne jemanden an seiner Seite zu wissen, das Leben nicht einfacher werden lässt. Eines meiner letzten Tipps für euch:

Egal für wen oder für was ihr euch entscheidet, alles müsst ihr mit ganzer Überzeugung machen, dann wird auch alles gut. Ich wünsche an dieser Stelle allen die den Mut haben es zu versuchen, alles Gute. Und meinen Segen habt ihr. Auch kann ich sagen, dass ich euch bewundere für diesen mutigen Schritt in euer neues Leben. Am Ende möchte ich nur noch sagen: Ich hab dieses Buch geschrieben weil ich es für richtig hielt, zumindest auf das Eine oder Andere hinzuweisen. Es soll euch nur noch in eurer Meinung die ihr euch schon längst gebildet habt, stärken. In keinem Fall überzeugen oder euch gar verunsichern. Dinge erklären wo ihr vielleicht keine Antwort drauf habt. Ich wünsche euch allen ein langes und glückliches Leben. Viel Spaß auch beim Lesen meiner anderen Bücher.

Das Ende

Danksagung

Obwohl das Schreiben eines Buches häufig ein einsames Unterfangen darstellt, kommt dennoch kein Autor ohne Hilfe aus. Jedes Mal wenn eines meiner Bücher erscheint, stehe ich als Autor im Vordergrund. Das ist nicht besonders fair, weil es immer vieler Menschen bedarf, die eine solche Publikation überhaupt erst ermöglichen. Das war natürlich auch bei mir der Fall. Und all die lieben Menschen, die mir während des Schreibens eine Hilfe gewesen sind, sollen hier nun eine besondere Erwähnung finden. Zuerst richtet sich mein Dank an meinen Verlag BoD(Books on Demand. Dass überhaupt jemand bereit war zu veröffentlichen, das von mir kreiert wurde, ist schon fast ein kleines Wunder. Dafür vielen Dank, und auch für das offene Ohr und die motivierenden Worte, wenn ich mal wieder vor einem leeren Blatt saß und nicht weiter wusste. Danke für die Mühe und die Geduld, mein sehr geschätzter Verlag (BoD). Und selbstverständlich geht mein Dank auch an meine Familie, meinen Eltern,meinem Bruder und meinen drei Schwestern. Die mir immer die Kraft und die Zeit gegeben haben, mich meinem Buchprojekt zu widmen. Ohne euch hätte ich das niemals geschafft. Keinen geringen Anteil an der Fertigstellung haben auch Marzena und Roman W. und Aleksandra F. Immer wenn ich kurz davor war alles hinzuwerfen, habt ihr mich wieder aufgebaut, und zum Weitermachen ermutigt. Einen großen Dank auch an meine Leser und den zukünftigen Lesern, ihr seid mit ein Grund dafür, warum ich schreibe. Vielen Dank an alle, auch an die, die namentlich nicht erwähnt wurden, ich weiß das sehr zu schätzen.

Literaturverzeichnis

Internet
partnerschaft-beziehung.de
aktiv-online.de

Impressum

luquetejero@hotmail.com

J.R Lucas Wolf

Herstellung und Verlag:
BoD – Books on Demand,
Norderstedt

ISBN: 9783752815283